Elme-Marie Caro

La vraie et la
fausse démocratie

essai

ISBN : 978-1535335607

10 9 8 7 6 5 4 3 2 1

Elme-Marie Caro

La vraie et la
fausse démocratie

essai

Table de Matières

L'école libérale et l'école radicale   6

L'école libérale et l'école radicale

Quoi qu'en puissent dire les théoriciens formalistes, la France est une démocratie. Qu'il subsiste encore chez nous des vestiges et des débris des régimes anciens, on ne peut le nier. Que la forme du gouvernement ne soit pas celle qui réalise dans toute sa rigueur l'idéal démocratique, que l'élection populaire ne dispose chez nous ni des pouvoirs administratifs, ni des pouvoirs judiciaires ; qu'une armée permanente et un état-major considérable perpétuent dans notre pays l'esprit militaire parallèlement avec l'esprit civil, on ne peut le nier davantage ; enfin que l'opinion et les mœurs impliquent une foule de contradictions manifestes avec les instincts ou les vertus des sociétés démocratiques, nous le reconnaissons sans peine. Tout cela n'est, après tout, que la part plus ou moins grande à faire en toute chose à l'élément humain, variable et complexe, et à l'élément historique, à la tradition, à la force des influences accumulées de la race et du temps. Il n'en est pas moins vrai que la démocratie existe partout où la souveraineté du peuple est reconnue en droit comme en fait, partout où l'intérêt du plus grand nombre est placé sous la garantie de la volonté du plus grand nombre, partout enfin où le gouvernement du pays est aux mains des gouvernés. Ce sont les marques infaillibles auxquelles on reconnaîtra que la démocratie est fondée, je ne dis pas organisée. L'organisation peut en être plus ou moins difficile, elle peut avoir besoin d'un temps plus ou moins long pour se mettre en harmonie avec le principe ; mais le principe règne dès que le peuple est reconnu comme la source exclusive du pouvoir, et que la participation de tous au gouvernement du pays est assurée. Or c'est ce qui existe en France par le seul fait du suffrage universel. Quel que soit sur certains points le désaccord de nos institutions et de nos mœurs avec le principe, quelques regrets que le passé inspire, quelques défiances que l'avenir excite dans certains groupes de la société française, il n'y a plus d'autre maxime de notre droit public ni d'autre origine des pouvoirs politiques que la volonté du peuple.

Il ne s'agit plus de se demander, avec les scrupules d'un formalisme qui n'est pas sans quelque subtilité byzantine, si la démocratie est chez nous un fait accompli, ou en train de s'accomplir, mais de se rendre compte, avec une intelligence virile, des conditions nouvelles qui nous sont faites et du meilleur parti que nous devons en tirer pour le profit de tous et le progrès de chacun.

N'y a-t-il qu'une seule espèce de démocratie, et, s'il y en a plusieurs, à laquelle la France doit-elle attacher ses préférences ? De quel côté doit-elle tourner ses efforts et ses vœux ? Que doit-elle faire pour se prémunir contre certaines tendances inhérentes à l'esprit démocratique, qui sont comme les fatalités du système, et qu'un écrivain politique considérable de l'Angleterre, M. Stuart Mill, fort préoccupé de cette question, n'a pas craint d'appeler les influences dégradantes de la démocratie ?

Ce qui importe avant tout, c'est de bien s'assurer que l'on a devant soi la véritable nation, non cette nation factice, bruyante, révolutionnaire, qui essaie de se substituer à l'autre. La plus honteuse influence à subir serait la prédominance d'une de ces portions exaltées et tumultueuses du peuple, qui, dans tous les temps, dans toutes les sociétés démocratiques, tendent à prendre le rôle, l'autorité du peuple lui-même, au nom de je ne sais quelle délégation mystérieuse, parlant pour lui en toute occasion, le faisant parler au gré de ses violences, et, si on le laisse faire, agissant pour lui. Sur le fond généralement calme des masses laborieuses, se dessinent des groupes ardents qui veulent entraîner les foules, des individualités énergiques et passionnées qui mènent les groupes. Quelquefois les masses cèdent ; ce sont alors des agitations sans frein et sans limite, l'océan populaire est remué jusque dans ses profondeurs ; c'est l'heure des grandes révolutions politiques et sociales. D'autres fois, et c'est ce qui arrive le plus souvent ; les masses populaires ne cèdent pas parce qu'elles ne voient point un intérêt immédiat, ou qu'une forte passion n'est pas en jeu ; elles restent indifférentes. Alors se produisent ces impatiences fébriles qui s'épuisent à créer un mouvement factice dans l'impuissance d'en créer un qui soit profond et sérieux. Il ne manque jamais de s'organiser un parti qui se constitue de son autorité privée le mandataire de ce peuple silencieux ou endormi. Les chefs de ce parti sont les oracles en permanence de la sibylle populaire. C'est avec un sérieux et un à-propos admirables qu'ils font parler cette sibylle, et, chose plus admirable encore, ils trouvent autour d'eux des crédulités à toute épreuve. Leur premier dogme est l'infaillibilité du peuple, qui se résume dans leur propre infaillibilité. L'instinct des masses, la volonté du peuple ! C'est eu eux que cet instinct trouve une conscience et une voix. Eux-mêmes s'identifient si étroitement avec cette volonté du peuple qu'ils ne s'en distinguent plus. L'hallucination les gagne. Ils ne sont réveillés de cette extase violente que le jour où ils voient devant eux se dresser le spectre d'un autre peuple, avec une infaillibilité différente, égale, mais contradictoire. Bientôt en effet des groupes plus ardents se détachent du groupe primitif, des schismes éclatent ; chaque journal affirme que c'est lui seul qui représente le vrai peuple et que les autres ne représentent qu'un peuple de fantaisie. Chaque tribune populaire jette l'anathème à la tribune voisine, qui ne retentit plus, à son gré, que de déclamations impuissantes et surpassées. Les violences de parole remplacent la guerre civile quand la guerre civile n'est pas possible. C'est la conclusion ordinaire et le châtiment de ces monstrueuses parodies de la majesté populaire, usurpée et travestie. C'est qu'au fond cet *instinct des masses* dont on se fait l'interprète complaisant n'a rien à voir avec l'opinion véritable et la volonté d'un pays. L'opinion vraie, c'est la nation ; ce prétendu instinct des masses n'est rien que l'opinion plus ou moins surexcitée et faussée d'une infime partie de la nation, la plus facile à soulever ou par la violence de ses passions ou par la conscience aigrie de ses maux.

Nous devons donc éliminer tout d'abord, sans autre forme de procès, cette espèce d'absolutisme faussement démocratique qui, à diverses reprises, depuis les jours violents de la commune de Paris jusqu'aux parlements irréguliers de Ménilmontant ou de Belleville, a prétendu acclimater ici même, en plein Paris, sa dictature, y subordonner la liberté et la civilisation françaises, régner au nom d'un peuple imaginaire à qui l'on impose, pour toute éloquence et toute politique, les hyperboles monotones de l'injure, ou les formules emphatiques de sa propre idolâtrie. « Le peuple veut, le peuple pense, le peuple a résolu… » Quel peuple, et où le prenez-vous ? Vrai peuple de théâtre, peuple de cirque, habile à se multiplier par bs artifices d'une ingénieuse circulation, simulant la foule par le bruit, rappelant par quelques traits le chœur de la tragédie antique. Ces comparses, chargés d'exprimer en vers harmonieux l'âme du peuple absent, étaient vingt ou trente ; nos comparses modernes ne s'expriment ni en vers ni même en prose harmonieuse, mais, eux aussi, représentent avec une pantomime

Elme-Marie Caro

expressive le peuple. Ils sont quatre ou cinq mille peut-être, fournissant chaque soir des auditoires nombreux à plusieurs réunions publiques, s'emparant des salles aussitôt qu'elles sont ouvertes, fermant l'accès aux vrais auditeurs, remplissant les lacunes de la discussion sérieuse par l'agitation, par les cris, par des motions insensées, accaparant à leur profit, dans les jours de crise, l'attention et l'effroi de tout le monde : basse démocratie de parade au service de quelques vanités perverses, de quelques ambitions malsaines ou de quelques fanatismes obscurs. Qu'on ne s'y trompe pas, ces exhibitions d'un faux peuple, obéissant au mot d'ordre des tribuns de barrière, ne sont pas toujours sans péril. A certains jours, sous un souffle d'orage, la contagion peut se répandre sur les foules ; l'ivresse de la colère, versée à flots dans des âmes naïves et souffrantes, peut faire de chaque misère et de chaque souffrance un cri de haine et de révolte sauvage. Le délire à froid du faux peuple gagne alors le vrai peuple, et devient une fureur trop réelle. Nous l'avons bien vu à certaines dates de notre histoire, marquées par un long deuil national : malentendus terribles, dont les conséquences sont incalculables !

Ce genre de démocratie, à vrai dire, ne compte pas dans une discussion sérieuse ; il peut être à un jour donné et par surprise la force, il ne sera jamais le droit ; on le supprime par le dédain quand il se contente de déclamer, par la contrainte quand il passe de la violence des mots à celle des actes. Allons plus haut, étudions les tendances de la démocratie, non pas dans ces consultations irrégulières d'un pays factice, dans ces tumultes plutôt, qui ne sont qu'une bruyante déraison, mais dans ces groupes d'hommes intelligents et convaincus qui représentent avec une véritable autorité la démocratie radicale. Ce n'est plus ici le radicalisme faisant de la révolution comme on fait de l'art pour l'art, c'est le radicalisme dogmatisant et raisonnant, celui qui agit, mais par la pensée et la parole. Là encore nous aurons à voir si, avec de grands talents et des convictions élevées, on ne rencontre pas cette même tendance funeste, irrésistible, à mettre ses opinions personnelles, ses préférences, ses goûts, à la place des préférences et des opinions du plus grand nombre, ce qui est le penchant secret de toutes les démocraties dominées, dirigées à leur insu, par des minorités violentes ou des dogmatismes impérieux.

L'école libérale et l'école radicale

Prenons pour exemple la forme du gouvernement. Que disent à ce sujet les penseurs, les hommes d'état de l'école radicale ? Croyez-vous qu'ils laissent le choix libre à la majorité du pays, comme le voudrait, à ce qu'il semble, la logique du principe dont ils relèvent, et qui est après tout leur unique raison d'être ? Quelle erreur serait la vôtre ! Voici à cet égard leur thèse, résumée d'après les plus récents manifestes du parti. « Il importe, nous dit-on, de dégager les principes des compromissions qui les altèrent et les déshonorent. C'est par une de ces compromissions qu'on prétend faire vivre sous le même drapeau le suffrage universel et la monarchie. Entre ces deux termes, il y a incompatibilité absolue, et le pays souffrira, la France s'épuisera dans une agitation et une inquiétude chroniques, tant que cette incompatibilité ne disparaîtra pas de nos institutions. Un gouvernement parlementaire quelconque, quelles que soient son origine, sa forme et son apparente consécration, ne peut vivre que par la prépondérance des classes d'élite. Le jour où les masses populaires entreraient avec un libre élan dans ces ressorts si délicats, dans ces rouages si compliqués et si difficiles à manier du gouvernement parlementaire, elles les briseraient. Au point de vue de la vraie doctrine monarchique, on a donc eu raison de dire du haut de la tribune française, sous le gouvernement de juillet, qu'il n'y aurait pas de jour pour le suffrage universel. — Sans doute, on peut soutenir que, sous toutes les formes de gouvernement, une certaine liberté est praticable ; mais au fond il n'y a qu'une forme déterminée de gouvernement qui assure et garantisse pleinement la liberté. Prétendre, comme on le fait, que le choix des formes politiques est chose indifférente, c'est un sophisme, c'est en même temps la marque d'une politique immorale. Les faits protestent contre une aussi dégradante théorie. A quoi donc sont occupés les penseurs, les hommes d'état, les politiques, depuis que les intérêts et les rapports des hommes se sont étendus au point de constituer une société, si ce n'est à trouver et à réaliser les meilleures formes de gouvernement ? La forme aristocratique du parlementarisme anglais, qui a établi et garanti une certaine liberté dans la Grande-Bretagne, a été reconnue deux fois impuissante à la réaliser en France. Ces expériences servent la cause de la démocratie radicale, parce qu'il faudra bien, *coûte que coûte*, résoudre le problème posé ; il faudra bien, sous peine de disparaître, que la France trouve le moyen d'assurer la liberté plénière et la souveraineté nationale. Or il n'y a qu'une forme qui puisse faire cela, c'est la république. C'est la seule qui soit corrélative, harmonique, adéquate au suffrage universel. Il faut que le droit tout entier ait satisfaction, parce que, selon la parole de-Bossuet, il ne saurait y avoir de droit contre le droit. Or ce droit absolu de la souveraineté nationale ne se réalise que dans une certaine institution politique. Aussi qu'arrive-t-il ? Dans toute monarchie, quelle qu'elle soit, même celles qui feignent d'accepter le suffrage universel, on ruse avec le suffrage universel, on est obligé de l'enlacer, de l'entraver, de le corrompre, de l'exploiter ; ce n'est qu'à ce prix qu'on peut vivre avec lui. — Le *nombre*, oui, le *nombre*, voilà l'instrument de la souveraineté nationale… Dès que le suffrage universel aura pris vraiment conscience de lui-même, il renversera tout devant lui quand il le voudra, et il arrivera toujours une minute où il le voudra. Il deviendra l'agent irrésistible d'une logique impitoyable ; il s'apercevra bientôt que, s'il est la souveraineté, il ne peut ni céder, ni aliéner, ni transmettre à personne cette souveraineté ; il s'apercevra que seul il doit régner et gouverner : de ce jour, il régnera et gouvernera. Il ne peut avoir de maîtres, il ne peut avoir que des serviteurs ; c'est ce qu'on appelle dans la langue politique des fonctionnaires, agens réellement responsables, révocables, électifs, soumis à cette loi de la vraie démocratie, qui veut la mobilité dans les personnes et la perpétuité dans les fonctions. Tout ce qui aujourd'hui a un caractère permanent et héréditaire n'est pas né viable ; le pouvoir exécutif sous forme monarchique et dynastique est condamné à périr. C'est une alternative posée par cette force des choses qu'on appelle la logique : il faut ou que l'universalité du droit disparaisse devant les satisfactions et les désirs d'un seul, ou que la puissance d'un seul disparaisse devant le droit populaire. Ainsi le veut ce nouveau code politique de l'école radicale, qui pourrait être intitulé : *De la politique tirée du suffrage universel*, et dont le premier article est qu'on ne peut pas demander au suffrage son abdication sur un seul point, parce que ce genre de pouvoir, le seul qui subsiste dans la ruine de toutes les autres, ne se limite ni dans le temps ni dans l'espace, parce que le suffrage universel que vous interrogez tel jour ne sera pas le suffrage universel du lendemain. Il est la réunion, la collection des volontés d'un peuple. Or chaque jour, chaque heure, chaque instant voit une volonté mourir, une autre naître, une volonté se modifier, remplacée par une volonté différente ou contraire. Le suffrage universel ne peut donc, sans violer la justice, engager les générations futures ; il ne peut même pas engager la volonté de la génération actuelle, puisqu'il doit en exprimer les résolutions changeantes, dont chacune a la même légitimité, la même raison d'être. Le peuple ne peut pas plus abdiquer sa souveraineté pour un seul instant qu'un homme ne pourrait abdiquer sa liberté de penser sans cesser d'être homme.[1] »

Je ne crois pas avoir fait tort, en la résumant ainsi, à la thèse de l'école radicale. Je me suis appliqué, avec un scrupule qu'on trouvera peut-être excessif, à ne pas l'affaiblir d'un seul argument. Le but de cette argumentation est d'ailleurs assez clair. On ne tolère pas dans l'école radicale que le suffrage universel se conduise à sa guise. On ne le trouve légitime qu'à la condition qu'il suive exactement la voie qu'on lui a tracée d'avance. La souveraineté du peuple, c'est la source auguste des oracles indiscutables. Oui, pourvu qu'elle parle comme on veut qu'elle parle, et que ses oracles soient de tout point conformes aux décisions des fortes têtes du parti. Elle est la liberté même à sa plus haute expression, puisqu'elle est la liberté de sanctionner ce que la raison supérieure de ses penseurs et de ses : hommes d'état a décidé pour elle. — Ou le raisonnement que nous venons de reproduire n'a pas de sens, ou il a ce sens-là, cette portée, cette conclusion. On veut persuader au suffrage universel que non-seulement il est incompatible dans son essence avec toute autre forme que la forme républicaine, mais qu'il n'a même pas le droit de choisir autre chose que cette forme, qu'en le faisant il viole non-seulement les convenances et les harmonies de sa nature, mais je ne sais quel pacte mystérieux et sacré avec un principe d'ordre transcendant.

Je remarque deux choses dans tous les raisonnements de ce genre : un excès de logique, inapplicable à cet ordre de questions, et comme un vague mysticisme qui recouvre d'une fausse solennité des idées creuses. Qu'est-ce donc que ce droit idéal, absolu, d'une certaine forme de gouvernement, droit antérieur et supérieur même à la volonté du plus grand nombre, sinon la reconstitution-du droit divin au profit de la république avec une contradiction de plus,

---

1 Discours de M. Gambetta au corps législatif dans la séance du 5 avril 1870.

Elme-Marie Caro

puisqu'on ne semble ici invoquer la souveraineté nationale que pour la sacrifier dans les règles ? Il y a là quelque chose comme une religion de sectaires, avec des exagérations qui ressemblent ! bien à celles des autres religions, et qu'on appellerait ailleurs du fanatisme. — N'est-ce pas dans cet ordre de sentiments exaltés qu'un orateur du parti se plaçait l'autre jour encore, quand il célébrait, en style d'apocalypse, le miracle de la révolution de février, « cette explosion volcanique, spontanée, de la conscience française, » révolution unique, merveilleuse, qu'il admire, « parce qu'elle est sortie des entrailles du peuple, parce qu'elle s'est faite *malgré tout le monde* ! » Ce *malgré tout le monde* est pour nous confondre et pour confondre avec nous la logique et les principes. Touchant hommage à la souveraineté populaire que cette idolâtrie d'un fait accompli, en dépit des volontés qui la composent, par opération mystérieuse ! L'orateur que nous citons d'autant plus volontiers qu'il exprime les sentiments, les tendances de son parti avec une franchise d'éloquence à laquelle nous rendons toute justice, devrait bien faire à son talent le sacrifice de ces lieux-communs du mysticisme révolutionnaire, sacerdoce de l'idée, apostolat, mission de la révolution, révélations dans les éclairs et les foudres du Sinaï démocratique et social. La politique est une science expérimentale, rien de plus, rien de moins. Elle est plus qu'un art, mais elle n'est pas une théorie pure. Si cela est vrai, et je ne pense pas que personne puisse sérieusement le contester, il ne faut à aucun prix de surnaturel dans la politique, pas plus dans l'intérêt de la république que dans celui d'une dynastie. Si nous sommes devenus incrédules aux légendes pieuses de la légitimité, ce n'est pas pour nous remettre sous le joug d'une légitimité nouvelle, celle d'un radicalisme d'illuminés.

Il y a des républicains de conviction. Je ne vois rien là que de fort naturel, pourvu que cette doctrine se subordonne à la souveraineté nationale, et qu'elle attende tout de la force de la logique, de l'épuisement des formes dynastiques, de l'expérience et du temps. Il en est tout autrement des républicains d'inspiration. Ceux-ci se réclament d'un principe transcendant pour en finir avec des formes et des institutions qui leur déplaisent. On a quelque droit de se défier d'eux, parce qu'ils se croient au fond supérieurs à la souveraineté nationale, et qu'ils pourraient bien un jour la brusquer ou la surprendre, comme cela s'est déjà vu. Ils puisent dans la conscience obscure d'une mission mal définie des affirmations passionnées dont l'effet est de troubler les esprits au lieu de les éclairer, des moyens d'action et de propagande qui pourraient devenir la violence à un moment donné. — C'est ce qu'exprimait spirituellement un homme politique de ce temps, un de ceux qui voient le plus juste et le plus clair, quand il posait la distinction de ces deux écoles, celle de la république acceptée et celle de la république imposée. La république acceptée, c'est un grand fait de souveraineté nationale librement approuvé et consenti. Rien de plus régulier ni de plus légitime. La république imposée, c'est la confiscation de la volonté du pays au profit d'une théorie, c'est le droit positif violé par un droit mystique, c'est la violence aggravée d'une hypocrisie.

On appuie ce nouveau droit divin des efforts d'une logique à outrance. On fait valoir l'incompatibilité d'essence entre le principe monarchique, qui suppose que le peuple a délégué sa puissance à un homme, et le principe de la souveraineté nationale, qui lui interdit une pareille délégation. On se sépare avec éclat à ce propos de la doctrine du *Contrat social*, on proclame bien haut que Rousseau a tort de prétendre que le peuple ne peut reprendre à chaque instant la puissance qu'il a déléguée ; on ne fait aucune difficulté d'avouer que les théories de Rousseau ne sauraient s'accorder avec les principes et les espérances de la démocratie contemporaine. On fait de la métaphysique pour démontrer que le peuple n'a aucun droit de se lier ni dans le présent ni dans l'avenir, que la souveraineté ne peut ni s'aliéner, ni s'interrompre un seul instant, ni céder une seule partie d'elle-même, que rien ne doit la limiter ni dans le temps, ni dans l'espace, enfin qu'indivisible et absolue, elle ne cesse pas de se retremper dans la source exclusive, inépuisable, sans cesse renouvelée, des volontés changeantes du peuple, toutes également légitimes et sacrées. Qu'y a-t-il au fond de ces théories abstraites ? Je me défie à première vue, en matière si contingente, des principes absolus et du prestige de ces raisonnements qui traitent la politique, une science de réalités, comme une science de quantités idéales, comme une géométrie ou une algèbre. Cette première impression, toute d'instinct, est singulièrement confirmée par la réflexion. Au nom de principes métaphysiques fort contestables, on prétend interdire à un peuple le droit de choisir la forme sous

Elme-Marie Caro

laquelle il lui convient de vivre ! On prétend même choisir pour lui ! Je suppose que, tout bien considéré, une nation estime que la forme monarchique est pour elle un élément de prospérité, que ses intérêts et ses affaires ont besoin d'ordre et de stabilité, que dans un pays tour à tour inerte et emporté il est bon d'éviter les occasions trop fréquentes de crise, et autant que possible de placer au sommet des institutions un pouvoir qui ne soit pas soumis à la réélection. Cette nation peut se tromper dans ses appréciations, oui, certes ; mais ce qui n'est pas contestable, c'est qu'elle fait acte de légitime souveraineté en choisissant la forme de gouvernement qu'elle pense être le mieux en harmonie avec ses intérêts. Eh quoi ! on viendra sérieusement soutenir qu'elle viole son propre droit en choisissant ainsi, parce qu'elle n'a pas le pouvoir de se lier elle-même ! Qu'on lui démontre que ses alarmes sont vaines, qu'elles ne survivraient pas à une expérience sérieuse des conditions et des mœurs de la forme républicaine, qu'il y a de grands avantages dans la république, où le pouvoir n'est pas exposé aux retours possibles du gouvernement personnel ni aux hasards de l'hérédité. Soit, je comprends cette manière de raisonner ; je ne conçois pas celle qui consiste à interdire à un peuple le libre exercice de sa volonté, et qui, sous prétexte de faire mieux respecter par ce peuple lui-même sa souveraineté, la lui retire, s'il ne s'en sert pas selon la formule du parti.

On nous parle, en style hyperbolique, de l'inféodation du droit populaire aux mains d'un homme et d'une famille, de la confiscation du droit imprescriptible des générations futures. Le droit populaire inféodé aux mains d'un homme ! En l'an de grâce 1870, sauf quelques artisans obscurs de réactions impossibles, qui donc peut demander ou craindre de pareilles choses ? Est-ce que la souveraineté nationale abdique parce qu'elle choisit librement la forme monarchique, si elle a soin de la maintenir en harmonie avec des institutions libres ? Ne peut-elle retenir ce qu'il y a d'essentiel dans le droit de la souveraineté, le droit d'intervention régulière et de contrôle perpétuel ? Ne peut-elle garder non-seulement la direction générale, mais le dernier mot dans toutes les grandes affaires ? Il est clair que la participation de tous au gouvernement s'exerce aussi bien par délégation sous la forme monarchique que sous la forme républicaine. Le gouvernement du pays par le pays, pour être effectif et réel, a-t-il donc besoin de se traduire par une action immédiate ? A ce compte, il n'y aurait de démocratie que le jour où l'on établirait l'intervention directe et permanente du peuple dans les affaires de l'état ; mais où cela s'est-il jamais produit depuis les petites républiques de l'antiquité, qui étaient bien moins des démocraties véritables que des aristocraties ? La vie politique est complète, quelle que soit la forme du gouvernement, là où le peuple nomme librement ses représentants, décide par eux du sort des ministères, exerce par eux sur les pouvoirs publics un contrôle efficace, là enfin où par la représentation nationale, par la discussion, par la presse, l'opinion publique se fait jour, soumet toutes les responsabilités à une juridiction qui, pour être indirecte, n'en est pas moins celle du pays lui-même, juge en dernier ressort des fonctionnaires les plus élevés, et maître suprême, quand il le veut, des affaires publiques, qui sont ses propres affaires. En tout cela, où y a-t-il l'ombre d'une aliénation de la souveraineté ? Ceux-là seuls pourraient le soutenir qui sont encore partisans du gouvernement direct du peuple par le peuple, c'est-à-dire les plus dangereux utopistes, reniés par la démocratie sérieuse.

Pouvons-nous admettre comme principes absolus, indiscutables, des propositions du genre de celle-ci : qu'un peuple n'a jamais le droit de s'engager à une dynastie, qu'il est obligé, sous peine d'injustice flagrante, de se tenir toujours libre à l'égard du présent et de l'avenir, par cette raison que tout engagement dynastique est une portion cédée de sa souveraineté, et qu'un peuple, en le faisant, disposerait d'un patrimoine qui ne lui appartient pas, liant par un contrat injuste des volontés qui n'existent pas encore ? Mais sait-on bien où nous conduiraient de pareilles propositions, où la logique pourrait nous mener dans cette voie ? Si ce sont des principes absolus, il n'y a pour eux ni nationalité ni frontière ; ils exigent une réalisation immédiate, sans discussion préalable, sans atermoiement, sans transaction, partout où il y a des hommes réunis. Les violer, c'est commettre un crime de lèse-humanité. Qu'on passe la mer au plus tôt, et qu'on aille les promulguer, comme l'axiome indiscutable de la raison, devant la nation la plus politique de l'univers, chez les Anglais ! Qu'on aille sérieusement soutenir devant eux qu'il y a crime pour un pays à stipuler sur sa propre souveraineté, à engager les générations futures. Comme ils seront charmés

Elme-Marie Caro

d'une pareille prédication ! Comme ils se montreront sensibles aux scrupules de ces bonnes âmes qui souffrent de ce crime national en permanence, la maison royale d'Angleterre ! Comme ils s'empresseront de faire justice de cette institution surannée, à laquelle ils doivent le progrès ininterrompu de leur prospérité, de leur grandeur nationale et même de leurs libertés publiques ! Quelle belle occasion de sacrifier tant de biens acquis et mérités par cette persévérance, conservés par cet esprit politique incomparable, d'immoler tous ces éléments du bonheur public à la logique radicale qui les déclare illégitimes, puisqu'ils ne sont dus qu'à une violation de la justice ! A ces partisans inexorables de la souveraineté inaliénable, imprescriptible, j'ose prédire un beau succès en Angleterre. Eux-mêmes auraient, je le pense, quelque pudeur à pousser leur théorie aussi loin, jusqu'à exproprier un grand peuple de ses institutions au nom d'une métaphysique si équivoque. Pourquoi donc ce qu'on nous impose comme la vérité absolue en France n'est-il même plus au-delà du canal la vérité relative ? Ne serait-ce pas tout simplement que ce n'est la vérité ni pour nos voisins, ni pour nous ?

C'est d'ailleurs faire montre d'un esprit bien prompt à s'alarmer sur des chimères que de s'effrayer des obligations de ce genre qu'une nation peut contracter et de la pérennité décrétée par le suffrage universel. Les nations s'engagent sans jamais s'enchaîner absolument. Il n'est pas, dans notre droit moderne, de vœux perpétuels, pas plus pour les sociétés que pour les individus. Nous sommes loin des temps où Lycurgue faisait prêter aux Spartiates le serment de garder à jamais sa constitution intacte. Ces sortes d'engagements, si une dynastie les obtenait d'un peuple moderne, n'auraient qu'une valeur relative, subordonnée à la fidélité que la dynastie contractante apporterait elle-même dans l'exécution du contrat. Ce n'est pas la pérennité des engagements politiques qui est redouter, c'est la facilité excessive à s'en délier et une mobilité d'humeur qui remet chaque jour en question le contrat passé la veille sous forme de constitution. Il n'est guère à craindre que nos contemporains et surtout nos compatriotes oublient que les institutions politiques sont l'œuvre des hommes, qu'elles doivent leur origine et toute leur existence à la volonté humaine. Les hommes, comme dit M. Mill, ne les ont point trouvées toutes poussées en s'éveillant un beau matin d'été. Elles ne ressemblent pas davantage aux arbres qui, une fois plantés, « croissent toujours, » tandis que les hommes « dorment. » Dans chaque période de leur existence, l'action volontaire de l'homme les fait ce qu'elles sont ; le mécanisme politique n'agit pas tout seul. Tout comme il fut à son origine construit par les hommes, il doit être aussi manié par des hommes. Il a besoin non de leur simple acquiescement, mais de leur participation active, sans quoi il s'arrêterait immédiatement, ce qui implique trois conditions : 1° le peuple auquel on destine une forme de gouvernement doit consentir à l'accepter, ou du moins il ne doit pas s'y refuser de façon à opposer un obstacle insurmontable à son établissement, 2° il doit avoir la volonté et la capacité de faire ce qui est nécessaire pour en maintenir l'existence, 3° il doit avoir là volonté et la capacité de faire ce que cette forme de gouvernement exige de lui et sans quoi elle ne pourrait atteindre son but.[1] Ces trois conditions suffisent pour maintenir la juste liberté d'un peuple à l'égard d'une dynastie. Si cette dynastie est infidèle à son mandat, il suffirait à un peuple, pour la briser, de suspendre cette participation active, nécessaire au mouvement de l'organisme politique. C'est là une assez belle garantie contre les vœux perpétuels, tant redoutés de la démocratie.

Mais allons plus loin dans la voie qu'on nous indique. La théorie radicale, appliquée en toute rigueur, ne proscrirait pas seulement la forme monarchique, elle limiterait d'une manière bien étroite les formes mêmes de l'institution républicaine. Examinons en effet les conséquences de ce prétendu principe, que le suffrage universel étant la réunion, la collection des volontés d'un peuple, doit rester absolument libre de se mouvoir en tout sens, selon les variations de cette volonté, mourant et renaissant à chaque seconde, se modifiant et disparaissant sous une impulsion différente ou contraire. A ce compte, et si vous prétendez être logique jusqu'au bout, quelle forme de gouvernement pourrez-vous établir ? Quel pouvoir exécutif s'accommoderait de pareilles exigences, dont le résultat pratique ne peut être qu'une absurdité ? La présidence à vie ressemble trop à la monarchie pour ne pas être immédiatement écartée : c'est la perpétuité du pouvoir dans une seule main sans les avantages de l'hérédité. Une présidence de dix ans ? Quel

---

1 M. Stuart Mill, *Du Gouvernement représentatif,* p. 8.

Elme-Marie Caro

long espace de temps sans responsabilité sérieuse, quelle tentation offerte à l'esprit d'aventure ou de domination ! Les administrations décennales, présidences ou consulats, ont toujours abouti en France à des transformations et à des accroissements de puissance. Il sera sage de restreindre les bornes d'un pouvoir qui tendrait toujours à les excéder, qui sentirait son ambition et ses moyens d'action croître et s'étendre avec ses limites légales. A quel terme les fixerons-nous ? A quatre années, comme aux États-Unis ? Mais comme ce terme est arbitraire ! Pourquoi quatre années plutôt que trois, plutôt que deux, plutôt qu'une ? En quatre années, combien de fois la volonté du peuple qui a nommé le chef du pouvoir exécutif peut-elle changer ! Que de regrets, de remords peut-être, si elle s'est liée à un chef incapable, ou, pis encore, capable de mauvais desseins contre la souveraineté nationale ! Qu'on se rappelle l'exemple de ce Johnston, dont l'administration tracassière et despotique, succédant inopinément à celle de l'héroïque Lincoln, causa tant d'alarmes et d'humiliations à ceux même qui l'avaient porté par leur libre suffrage à la vice-présidence de la grande république. Il n'y a qu'un moyen d'empêcher le suffrage universel de se lier à quelque choix indigne : c'est de décréter que le chef du pouvoir exécutif sera élu chaque matin, qu'il déposera son pouvoir chaque soir, et qu'après avoir consacré sa journée aux affaires, il viendra rendre ses comptes à l'assemblée populaire et s'offrir au verdict du peuple. En dehors de cette forme si sage et si politique qui assure la mobilité perpétuelle des personnes dans la perpétuité des fonctions, je ne vois pas d'application rigoureuse du principe.

Mais voici une autre conséquence inattendue. Ce qui serait vrai de la forme monarchique serait également vrai et au même titre de toutes les institutions et de toutes les lois. Que l'on me cite une loi qui n'implique pas de la part de la nation une façon quelconque de lier sa volonté personnelle et celle des générations futures, l'obligation de se soumettre à cette décision, c'est-à-dire de céder une part de cette souveraineté, laquelle n'existe, d'après l'école radicale, qu'à la condition d'une autonomie absolue et permanente, maintenue libre de tout engagement et pour le présent et pour l'avenir ! Ainsi la contradiction sera la même de légiférer ou de fonder une dynastie. Comme dans les deux cas on lie le présent et l'avenir, on cède dans les deux cas une part de la souveraineté. Le même raisonnement qui renverserait les trônes s'appliquerait avec la même logique à détruire les codes, un système de lois engageant les générations futures comme peut le faire une dynastie. Nous voici donc logiquement amenés à soumettre toute chose à la condition du renouvellement incessant et universel, les institutions et les lois comme les formes du pouvoir. Tout ce qui porte un caractère de permanence et de durée sera au même titre et inexorablement condamné. La mobilité des institutions doit être organisée de manière à suivre dans leur mobilité les résolutions du peuple, qui peut en changer à chaque instant. L'idéal d'une pareille démocratie serait l'absence de tout pouvoir durable et de toute loi fixe. La logique le veut ainsi. Reste à savoir si, en nous conduisant jusque-là, ce n'est pas à la barbarie qu'elle nous mène par la voie de ces beaux syllogismes.

La vraie, la seule manière de respecter la souveraineté nationale, c'est de la laisser choisir à sa guise la forme de gouvernement qui convient le mieux à ses intérêts, à son milieu intellectuel et social, au tempérament de la nation en un mot. Pourvu qu'elle ne s'aliène. pas elle-même en livrant des droits qui doivent lui être sacrés, en cédant ce qu'elle ne doit jamais céder, sa juste intervention dans les affaires publiques et son juste contrôle sur la manière dont elles sont faites, qu'elle décide à son gré de ses institutions. Qui donc serait meilleur juge qu'elle-même de ses véritables intérêts ? Qu'elle puisse en toute liberté examiner, comparer les avantages et les inconvénients de chaque système, et, son choix fait, l'imposer au respect des minorités violentes. C'est la véritable démocratie, celle de la liberté, qui ne laisse ni confisquer ni surprendre la volonté nationale, et qui ose en défendre l'expression sincère contre l'absolutisme radical. On nous a mille fois présenté dans ces derniers temps le sombre tableau des vices et des corruptions qu'entraîne après soi l'institution monarchique. Il n'y a que trop de réalité dans cette peinture ; mais quelle institution humaine pourra résister à une pareille analyse ? Dans laquelle ne trouverons-nous pas matière aux plus sérieuses critiques, quand on l'aura soumise à une expérimentation sincère et suffisamment prolongée ? Que le pouvoir absolu produise les plus tristes effets sur les âmes, qu'il exerce sur tout un peuple les plus dégradantes influences, nous en tombons d'accord ; mais croit-on que la démocratie pure, absolue,

Elme-Marie Caro

n'ait pas aussi ses vices secrets, ses influences néfastes et ses périls ? Qui ne les connaît ? Des amis éclairés de la démocratie, comme M. de Tocqueville et M. Stuart Mill, des observateurs consciencieux comme lord Brougham, comme M. de Parieu dans son récent ouvrage,[1] les ont signalés avec une singulière et douloureuse perspicacité.

Détachons quelques traits de ce tableau. Le premier et le plus saisissant, c'est l'instinct naturel des démocraties d'écarter du pouvoir ou de la représentation nationale les esprits les plus cultivés par la méditation et l'étude, les intelligences supérieures. Les démocraties sont défiantes. Elles proclament même comme une obligation le droit d'être ingrates envers qui les a servies avec le plus d'éclat. Elles se considèrent comme affranchies de toute reconnaissance envers de grands services qui pourraient les lier, et de tout respect à l'égard du génie qui pourrait les asservir. Par le droit supérieur du nombre, à qui l'on doit tout et qui ne doit rien à personne, elles pratiquent une sorte d'ostracisme à l'égard de toute supériorité. Ce qu'elles craignent par-dessus tout, c'est d'être dupes d'un engouement ou d'une admiration. Elles ne donnent jamais leur confiance, elles la prêtent ; elles la retirent au moindre soupçon, sans avoir besoin de rendre compte à personne, ni de fournir aucune explication. De là cette tendance si souvent remarquée à n'adopter pour mandataire que celui qui représente le plus exactement leurs idées, leurs caprices, leurs passions même. Ce sentiment d'envie ou de méfiance envers tout ce qui s'élève au-dessus de la moyenne dès électeurs était déjà signalé par M. de Tocqueville, il y a près de quarante ans, dans cette grande république que l'on nous cite si justement d'ailleurs comme le type de la démocratie pure. Ce profond observateur rapportait de son voyage d'expérimentation politique aux États-Unis un témoignage singulier sur la rareté du mérite chez les gouvernants, lorsqu'il est si fréquent parmi les gouvernés. C'était un fait constant dès ce temps-là, mais il paraît confirmé aujourd'hui, que les hommes les plus remarquables sont rarement appelés aux fonctions publiques, même à la représentation nationale. Avec une autorité égale, M. Stuart Mill déclare, sur les témoignages les plus positifs, que dans la démocratie américaine les membres très cultivés de la communauté, excepté ceux d'entre eux

---

1 *Principes de la science politique*, ch. IV, *de la Démocratie*.

qui sont disposés à sacrifier leurs opinions et à devenir les organes serviles de leurs inférieurs en savoir, ne se présentent même pas au congrès ou aux législatures d'état, tant ils sont certains qu'ils n'ont aucune chance d'être nommés. « La vie politique en Amérique est certes une école bien précieuse ; mais c'est une école où les professeurs les plus habiles sont exclus de la représentation nationale et des fonctions publiques en général, tout comme s'ils étaient sous le coup d'une incapacité légale. En outre, le peuple étant en Amérique l'unique source du pouvoir, c'est vers lui que se tourne toute ambition égoïste, de même que dans les pays despotiques elle se tourne vers le monarque. Le peuple, comme le despote, est accablé d'adulation et de flatterie.[1] »

Il y a là plus d'une leçon à notre adresse, et dont il serait sage de faire notre profit. Déjà nous avons senti chez nous les signes avant-coureurs de ce mal démocratique ; nous avons vu parmi nous ces courtisans du peuple, aussi dangereux que ceux du despotisme, édifier sur les plus basses adulations leur fortune politique ; Nous avons vu des esprits distingués incliner devant les caprices et les violences de ce fantasque souverain leur supériorité intellectuelle, abaisser leur caractère pour obtenir un mandat, tout prêts, eux aussi, à sacrifier leur manière de penser à la déraison de leurs commettons. Nous n'avons pas été loin de voir triompher dans certains groupes la théorie dégradante du mandat impératif. En revanche, combien d'esprits cultivés et de caractères fiers se sont écartés avec dégoût de cette arène livrée à des concurrences inférieures ! Combien n'en avons-nous pas vu renoncer à la politique, but de leur légitime ambition, plutôt que d'accepter cette dépendance humiliante et de se faire, selon la forte expression de M. Stuart Mill, les organes serviles de leurs inférieurs en savoir et en raison ! Qu'on y prenne garde, c'est, l'un des symptômes les plus fâcheux d'un état démocratique très avancé que cet abaissement intellectuel de la classe gouvernante, de la classe politique. C'est un fait déplorable, que déjà aux États-Unis le *politician* n'obtienne à ce titre qu'une médiocre considération. Prenons garde que la même chose n'arrive chez nous, et elle arrivera infailliblement, si une réaction énergique de l'opinion et des mœurs ne vient pas

---

1 Stuart Mill, *Le Gouvernement représentatif,* p, 173-194, traduction de M. Dupont-White.

Elme-Marie Caro

combattre cette déchéance du mandat électif. Prenons garde que la politique, que Macaulay appelle « l'emploi le plus noble des facultés humaines, » ne se déconsidère par la vénalité, par l'intrigue, par l'adulation démagogique, et ne finisse par tomber exclusivement aux mains des acheteurs de suffrages et des valets du peuple.

C'est là un grave péril des démocraties ; ce n'est pas le seul. Il y a de plus en elles une certaine tendance à faire de la majorité numérique, constatée par le suffrage universel, le régulateur absolu, non-seulement du fait, mais du droit, un souverain irresponsable, dispensé même d'avoir raison, et qui ne doit compte à personne de ses décisions ni de ses actes. S'il ressort en effet une idée politique claire et saisissable des manifestes de l'école radicale, « c'est que la discussion doit cesser dès que l'organe de la souveraineté nationale a parlé, l'organe décisif, le nombre. — Le nombre, voilà l'instrument irrésistible de cette souveraineté ; par lui, elle renverse tout devant elle quand elle veut, et il arrive toujours une minute où elle veut. » On n'est pas éloigné d'appliquer au souverain collectif, le peuple, exprimé par le nombre, ce que le théoricien de l'absolutisme, Hobbes, disait du prince il y a deux siècles. Le despotisme se transpose ; mais au fond ses formules et ses procédés sont toujours les mêmes. « Le souverain n'est obligé envers personne. — Puisque toutes les lois sont faites par lui, elles ne sont pas faites pour lui, et il n'est pas tenu à leur obéir. — Comme toutes les disputes viennent de ce qu'on ne s'entend pas sur le tien et le mien, le souverain décidera seul sur le droit, et fera seul les lois civiles. » — Suppose-t-on que cette théorie absurde et dégradante du despotisme, qui nous révolte quand elle est édifiée en l'honneur d'un Stuart par un logicien courtisan, serait moins digne de mépris, si des dialecticiens funestes venaient à la relever parmi nous au profit du peuple ? C'est un des points sur lesquels il importe le plus de marquer avec précision les réserves que doit faire à cet égard la vraie démocratie.

La majorité numérique est souveraine dans son domaine, le choix des formes politiques et l'organisation des institutions qui conviennent au plus grand nombre. Elle dispose avec une autorité indiscutable des différons pouvoirs entre lesquels se répartit la délégation de la souveraineté nationale ; mais son autorité a une limite qu'elle ne saurait franchir impunément. Une majorité, quelles que soient les forces accumulées du nombre par lequel elle s'exprime, ne peut rien non-seulement sur les droits imprescriptibles des minorités, mais sur le droit de l'individu, premier élément des sociétés. L'unanimité moins un des membres d'une communauté politique ne saurait prévaloir contre un seul qui serait retranché dans l'inexpugnable conscience de son droit. La question est de bien définir ce droit en tant qu'il est inviolable, de le mesurer exactement, de l'enfermer dans sa sphère et de le garantir en ne l'exagérant pas. Or c'est là, je n'en disconviens pas, la principale difficulté de la science politique. D'une part, il y a tendance marquée du droit individuel à sortir de sa sphère, à déborder sur le domaine social, à entraver le mécanisme des institutions, en jetant tout au travers les prétentions injustes et les résistances d'une personnalité exagérée. D'autre part, il se rencontre toujours un secret instinct d'oppression dans chaque force sociale, dans l'élément du nombre, par exemple, qui exprime les forces sociales à leur plus haut degré de puissance. La majorité numérique d'un peuple doit se garantir avec d'autant plus de soin des excès de son propre pouvoir qu'elle représente la force matérielle en même temps que la volonté de ce peuple. Or elle peut trop aisément confondre cette volonté avec la justice. C'est là un genre d'illusion singulièrement redoutable ; le nombre incline toujours plus ou moins à se prendre non-seulement pour l'expression de la volonté nationale, mais, ce qui est fort différent, pour l'organe du droit, que dis-je ? pour le droit lui-même. Et de cette erreur presque naturelle, presque fatale, que de conséquences désastreuses peuvent sortir !

Prenons un exemple pour préciser notre pensée, le droit de propriété. C'est celui de tous qui est le plus en péril en face de la majorité numérique, par cette raison toute simple qu'il y a un nombre infiniment plus grand de pauvres que de riches dans toutes les démocraties, quelles qu'elles soient, en Europe ou en Amérique. De douloureuses expériences, qui se continuent tous les jours sous nos yeux, ne nous permettent guère d'ajourner à un avenir indéfini les conflits éventuels de la majorité qui n'a rien et de la minorité qui possède. Déjà les conflits s'établissent sous mille formes, grèves, associations internationales, *trade's unions*, systèmes socialistes qui n'attendent que l'occasion propice pour s'imposer à l'expérimentation sociale. Au milieu de toutes ces misères actuelles et sous la menace de ces collisions futures, qu'il est difficile de définir les limites du droit social et du droit individuel, surtout d'en imposer l'inviolable respect à ces masses souffrantes qui s'agitent sur ces frontières ! Il le faut bien pourtant sous peine de voir sombrer nos sociétés démocratiques dans le plus profond abîme. Quelle œuvre délicate que d'enseigner aux majorités leur devoir le plus rigoureux, et qu'il est malaisé de leur en inspirer la rude pratique ! Quelle éloquence inspirée par une virile tendresse pour les souffrances humaines, en même temps par la plus sévère intelligence du droit, parviendra à faire comprendre à ces déshérités, qui sont le nombre et la force, la distinction si nécessaire et si délicate entre l'organisation du travail par la liberté et l'organisation du travail par un système, entre le socialisme libéral (car il y en a un), qui ne s'adresse qu'à l'esprit pour faire triompher ses solutions sans aucun recours à la force, et le socialisme illibéral, qui prétend imposer ses solutions et réclame le droit à la contrainte !

On se trompe quand on prétend que cette terrible épreuve est particulière à la démocratie européenne. Un peu plus tôt, un peu plus tard, c'est l'épreuve fatale de toutes les démocraties, puisque toutes elles placent la richesse d'un petit nombre en face de la misère du grand nombre, qui est la classe gouvernante, et l'exposent ainsi aux coups de force du suffrage universel. Dans une lettre célèbre publiée il y a une dizaine d'années,[1] le grand historien de l'Angleterre, M, Macaulay, exprimait la prévision d'une catastrophe sociale de ce genre, même aux États-Unis, que l'on croyait jusqu'alors à l'abri de semblables périls, et il s'en expliquait avec un Américain de ses amis en ces termes, bien dignes d'être notés, parce qu'ils vont directement à l'encontre d'un préjugé fort répandu : « Votre destinée est écrite, quoique conjurée pour le moment par des causes toutes physiques. Tant que vous aurez une immense étendue de terre fertile et inoccupée, vos travailleurs seront infiniment plus à l'aise que ceux du vieux monde, et sous l'empire de cette circonstance la politique de Jefferson sera peut-être sans désastre ; mais le temps viendra où la Nouvelle-Angleterre aura une population aussi dense que la vieille Angleterre. Chez vous, le salaire baissera et subira les mêmes fluctuations, prendra le même caractère précaire que chez nous. Vous aurez vos Manchester et vos Birmingham, où

---

1 Lettre publiée par le *Times* le 7 avril 1860, citée et traduite par M. Dupont-White dans l'*introduction* au traité du *Gouvernement représentatif.*

les ouvriers par centaines de mille auront assurément leurs jours de chômage. Alors se lèvera pour vos institutions le grand jour de l'épreuve. La détresse rend partout le travailleur mécontent et mutin la proie naturelle de l'agitateur qui lui représente combien est injuste cette répartition où l'un possède des millions de dollars, tandis que l'autre est en peine de son repas. Chez nous, peu importe,[1] car la classe souffrante n'est pas la classe gouvernante ;… mais, lorsque les États-Unis auront à affronter de pareilles épreuves dans le courant du siècle prochain, peut-être ; même dans le siècle où nous vivons, comment vous en tirerez-vous ? Je vous souhaite de tout cœur une heureuse délivrance ; mais ma raison, et mes souhaits ont peine à s'entendre, et je ne puis m'empêcher de prévoir ce qu'il y a de pire. Il est clair comme le jour que votre gouvernement ne sera jamais capable de contenir une, majorité souffrante et irritée, car chez vous la majorité est le gouvernement, et les riches, qui sont en minorité, sont absolument à sa merci. Un jour viendra dans l'état de New-York où la multitude, entre une moitié de déjeuner et la perspective d'une moitié de dîner, nommera les législateurs. Est-il possible de concevoir un doute sur le genre de législateurs qui sera nommé ? D'un côté, un homme d'état prêchant la patience, le respect des droits acquis, l'observance de la foi publique ; d'un autre côté, un démagogue déclamant contre la tyrannie des capitalistes et des usuriers, et se demandant pourquoi les uns boivent du vin de Champagne et se promènent en voiture, tandis que tant d'honnêtes gens manquent du nécessaire. Lequel de ces candidats, pensez-vous, aura la préférence de l'ouvrier qui vient d'entendre ses enfants lui demander plus de pain ? J'en ai bien peur, vous ferez alors de ces choses après lesquelles la prospérité ne peut plus reparaître. Alors, ou quelque César, quelque Napoléon prendra d'une main puissante les rênes du gouvernement, ou votre république sera aussi affreusement pillée et ravagée au XXe siècle que l'a été l'empire romain par les barbares du Ve siècle, avec cette différence que les dévastateurs de l'empire romain, les Huns et les Vandales, venaient du dehors, tandis que vos barbares seront les enfants de votre pays et l'œuvre de vos institutions. »

---

1 M. Macaulay ne dirait plus « *peu importe* » aujourd'hui, après les terribles épreuves des grèves de Manchester et des crimes de Sheffield, et sous le coup des menaces de l'avenir.

Elme-Marie Caro

Ainsi la démocratie américaine elle-même se trouverait un jour en face de la question sociale. Ce jour peut être prévu, presque annoncé à une date fixe ; mais, quelle que soit la justesse de ces prévisions pour ce qui concerne les États-Unis, il n'est guère contestable que le péril au moins, sinon la certitude des catastrophes, existe pour toutes les sociétés démocratiques, puisque dans chacune d'elles il y a une majorité de pauvres en opposition complète d'intérêts apparents avec une minorité de riches. — Supposons, si l'on veut, la majorité suffisamment intelligente pour comprendre qu'il n'est pas de son intérêt d'affaiblir la propriété, et qu'elle serait affaiblie par tout acte de spoliation arbitraire. M. Mill montre à merveille que même alors il y a grande chance d'oppression pour la classe la moins nombreuse, et qu'il est plus d'une espèce de tyrannie à craindre de la part de la classe dominante. Par exemple, le gouvernement de la majorité ne sera-t-il pas tenté de rejeter sur les détenteurs de ce qu'on appelle la propriété foncière et sur les revenus les plus gros une part excessive du fardeau de l'impôt, ou même ce fardeau tout entier ? N'y a-t-il pas à craindre qu'il n'augmente les impôts sans scrupule, sous prétexte qu'il les dépense au profit et dans l'intérêt de la classe ouvrière ? — Supposons encore une minorité d'ouvriers habiles et une majorité inhabile, l'expérience de nombreuses associations ouvrières justifie la crainte de voir imposer comme une obligation l'égalité des salaires, c'est-à-dire une dure iniquité, et de voir abolir l'ouvrage à la pièce ou toute autre pratique destinée à garantir une récompense supérieure à une activité ou à des talents supérieurs. L'expérience de ce qui se passe dans les réunions publiques des ouvriers et dans les assemblées des grèves nous autorise à penser que l'intérêt et le sentiment dans lequel gouvernerait une majorité de travailleurs aboutiraient à une série de mesures législatives en contradiction avec la liberté individuelle, tendant à élever par décrets les salaires ou à limiter la concurrence sur le marché du travail, à établir des taxes ou des restrictions au sujet des machines qui suppléent les bras, enfin à protéger d'une manière abusive le producteur indigène contre l'industrie étrangère.[1] Il est hors de doute qu'aucune de ces pratiques législatives ne serait dans l'intérêt véritable de la classe la plus nombreuse, et que de pareilles armes se retourneraient contre

---

1 M. Mill, *Le Gouvernement représentatif,* p. 144.

les mains qui les emploieraient ; mais peut-on raisonnablement prévoir que dans ce cas, où tant de passions et de misères sont un jeu, l'intérêt réel l'emporterait sur l'intérêt apparent ? Les classes supérieures savent-elles bien elles-mêmes faire cette distinction, et se déterminent-elles toujours par les considérations de l'ordre le plus élevé ? Comment espérer du suffrage universel, qui assure la majorité aux classes ouvrières, plus de discernement et de raison ? Ce n'est pas leur intérêt qu'il faut considérer dans cet ordre de questions, c'est l'opinion qu'elles s'en forment, et c'est cette opinion qu'il faut craindre, c'est elle qui peut les amener un jour à des actes de véritable tyrannie. Ce n'est pas par de stériles déclamations sur l'héroïsme, sur le désintéressement du peuple, que l'on conjure de si graves périls. Le peuple n'est pas un être idéal et abstrait ; c'est un composé d'instincts très divers, d'ignorances, de souffrances trop réelles, de sentiments fort inégaux et variables, que des souffles contraires peuvent soulever, capable de toutes les grandeurs et de tous les excès. Et là où il sera le maître absolu, qui peut répondre des influences qu'il subira, des directions qu'il prendra, de sa sagesse ou de sa folie ?

Nous pourrions appliquer le même raisonnement aux autres droits par lesquels s'exprime la liberté individuelle, par exemple à ceux qui constituent la liberté de conscience. Nous verrions que tous courent plus d'un risque de la part de ce souverain unique des sociétés modernes, la majorité, le nombre. N'avons-nous pas entendu récemment les menaces de l'anticoncile convoqué à Naples en opposition avec le concile de Rome, et dont le programme contenait pet étrange article : « attendu que l'idée de l'Être suprême est la clé de voûte de tous les despotismes, la révolution devra travailler à son abolition dans le monde entier. » Comment cela et par quels moyens ? Par la discussion ? A la bonne heure ; mais il n'est pas besoin de rendre des décrets pour cela. Par la force ? La proposition seule serait absurde et monstrueuse. Nous nous défions de toutes les sortes d'intolérance ; celle de la révolution ne vaut pas mieux que l'autre. Ne dirait-on pas qu'il y a comme une conjuration secrète entre ces deux sortes d'ennemis à outrance de la vraie liberté, les ultramontains de l'athéisme et les jacobins de l'église ? Les procédés de discussion sont les mêmes, la violence, l'injure. Les pratiques seraient les mêmes, si le jour de la domina-

Elme-Marie Caro

tion se levait pour eux. Supposez que la majorité puisse être jamais pervertie par l'un ou l'autre de ces fanatismes, que deviendrait le droit dans cette société déshonorée par la force ?

Alarmes chimériques ! nous dira-t-on. Je le souhaite ; mais ces craintes ne semblent pas vaines à ces profonds observateurs des conditions de la société moderne que nous aimons à citer parce que leurs jugements, même sévères, sur la démocratie, sont ceux d'amis courageux et perspicaces. Le triomphe croissant de la démocratie leur inspire de vives inquiétudes, si la prépondérance des masses ne trouve pas son contre-poids quelque part. Or où peut-on trouver ce contre-poids sinon dans le droit de l'individu, lequel, à le bien considérer, est le droit de tout le monde ? C'est de l'équilibre à maintenir entre l'individu et la masse que dépend l'avenir glorieux ou sinistre des démocraties. Malheureusement c'est aussi sur ce point que se divisent les deux grandes écoles vouées à l'étude de ce problème, l'école radicale et l'école libérale : la première, portée irrésistiblement par ses instincts, par ses traditions, à sacrifier une partie du droit individuel à la prépondérance des masses ; la seconde, invinciblement attachée par des convictions qui ne sont pas sans péril à la défense du droit de l'individu contre toute oppression, quelle qu'elle soit, qu'elle vienne d'en haut ou d'en bas ; la première, inclinant toujours à substituer le pouvoir absolu du peuple aux autres formes de l'absolutisme, l'infaillibilité du nombre à celle du souverain, l'irresponsabilité des majorités à celle du bon plaisir ; la seconde, répudiant également toutes les formes, quelles qu'elles soient, de l'absolutisme, dépouillant le nouveau souverain, le nombre, de ses prestiges dangereux, cherchant la garantie suprême des sociétés démocratiques, non pas dans les illusions mystiques d'une infaillibilité nouvelle, celle du peuple, mais dans le droit autrement clairet certain de l'individu, la seule réalité saisissable, la seule chose sacrée après tout, puisqu'elle est à la fois l'objet, le principe et la mesure des institutions politiques. Entre les deux écoles, les moyens diffèrent comme les tendances : l'une soutient qu'il n'y a pas de transactions avec la vérité politique dont elle s'est arrogé le monopole, que cette vérité réclame une réalisation intégrale et immédiate ; c'est assez dire qu'elle tient pour les moyens révolutionnaires nécessaires à l'accomplissement de son œuvre. L'autre répudie absolument ces moyens, ne se fiant pas à

L'école libérale et l'école radicale

la violence en fait de réformes, convaincue que ce qui se fait sans l'adhésion libre des esprits ne dure pas, et confiant à la discussion seule l'œuvre du progrès. Elle prend volontiers pour formule la thèse des libertés nécessaires qu'elle oppose victorieusement à la thèse des destructions nécessaires. Les noms de ces deux écoles indiquent suffisamment leur opposition. Qui dit libéral dit respect et progrès de la liberté individuelle. Qui dit radical indique par là même le projet de changer jusqu'au fond l'organisation politique et sociale d'un pays, de reprendre la société par ses racines mêmes. On conçoit la terreur instinctive d'une société devant de pareils engagements, qui ressemblent fort à des menaces. L'école radicale parlait dernièrement avec éloquence du crime qui consiste à faire des expériences politiques sur un peuple. Ne pourrait-on pas retourner contre elle ses apostrophes passionnées et lui dire : « Ce mot si froid d'expérience, lorsqu'il est appliqué au corps social, ne cache-t-il pas tout ce qu'il y a de plus cruel, de plus tragique dans les destinées de l'humanité ? On peut faire des expériences avec un peuple, mais on n'en a pas le droit. Or que serait-ce que la pratique de toutes vos théories, sinon la plus aventureuse des expériences, une tentative d'alchimistes politiques pour faire passer l'organisation d'un peuple par les creusets de vos laboratoires ? Croyez-vous en être quittes ensuite, si l'expérience échoue, en déclarant que vous vous êtes trompés, mais trop tard, quand toute la prospérité et la fortune d'un pays se seront évanouies en fumée ? Croyez-vous que votre bonne foi, si complète qu'on la suppose, préservera votre nom des malédictions du pays que vous aurez perdu sans retour, et des justes anathèmes de l'histoire ? »

La difficulté, je le sais, n'est pas de faire triompher dans les esprits éclairés la cause du droit individuel, l'unique raison d'être des démocraties libérales. L'œuvre malaisée est de garantir pratiquement ce droit de l'individu, toujours menacé dans nos sociétés modernes, et par la passion démocratique du progrès qui pour le réaliser recourt trop volontiers à la force, et par la passion de l'égalité qui croit se satisfaire par un nivellement brutal. On a remarqué fort justement que là où la démocratie est le pouvoir suprême, le *petit nombre* et à plus forte raison un *seul* ne sont pas assez forts pour soutenir les opinions dissidentes et les intérêts menacés. Il faut aviser pourtant à ce que la masse ne puisse pas écraser l'indi-

Elme-Marie Caro

vidu. Il faut à tout prix trouver un soutien social, un point d'appui pour les résistances individuelles à certaines tendances qui pourraient être abusives du pouvoir gouvernant, une protection, un point de ralliement pour les opinions et les intérêts que l'opinion la plus forte et l'intérêt prédominant regardent avec défaveur. Quel sera ce point d'appui ? Il nous suffira d'avoir posé le problème et de l'avoir amené jusque-là. L'étude des moyens pratiques excéderait de beaucoup les limites que nous nous sommes fixées. Nous ne présenterons donc ni l'apologie ni la critique des artifices plus ou moins ingénieux ou des mesures salutaires par lesquels on pourrait trouver un correctif aux instincts dominateurs d'une majorité numérique. Quels freins pourrait-on opposer aux emportements de la mauvaise démocratie ? Comment assurer l'inviolabilité du droit contre les tentatives de la force et du nombre ? Comment doit-on s'y prendre pour tempérer l'élément numérique ou du moins pour le contenir dans sa sphère d'action par l'élément de la raison, gardienne du droit ? Ici se pressent en foule les divers systèmes. Les uns se confient exclusivement pour cette œuvre de préservation à l'intelligence présumée, excluant du suffrage quiconque ne sait ni lire ni écrire, accordant à certaines catégories de personnes, pour leur instruction plus étendue, plusieurs suffrages, ce qu'on appelle le *suffrage plural*, garantissant enfin par d'ingénieux mécanismes de vote la représentation des minorités. D'autres, se défiant de l'esprit, qui n'est pas, selon eux, le vrai contre-poids du nombre, cherchent ce correctif dans l'intervention de l'élément moral sous les formes les plus variées, par exemple certaines conditions d'âge qui excluraient du suffrage les témérités de la première jeunesse, certaines conditions de domicile qui, en attachant le citoyen à son foyer, lui donneraient l'esprit municipal, initiateur et garant de l'esprit politique, et frapperaient d'une sorte d'incapacité les nomades et les irréguliers du travail, — enfin un système qui attribuerait une plus grande valeur au suffrage du chef de famille par cette raison fort plausible qu'une famille, résumée dans le vote collectif de son chef, représente une plus grande somme d'intérêts matériels et moraux que le vote irresponsable d'un individu de passage au milieu de la société, sans lien avec l'avenir. Nous ne discuterons aucun de ces systèmes, qui tous contiennent quelque curieux élément d'étude pour le législateur. Notre intention était seulement de mettre dans

tout son jour le problème par excellence de la politique contemporaine : la conciliation nécessaire du droit de l'individu avec la force
des majorités. La garantie du droit individuel, voilà le critérium de
la vraie démocratie. Il est là et non pas ailleurs. L'erreur de l'école
radicale est de déplacer ce critérium et de le mettre dans telle institution politique plutôt que dans telle autre. Ni en théorie, ni en fait,
la démocratie n'exclut aucune forme de gouvernement, sauf l'absolutisme, celui du souverain comme celui du peuple. Elle peut se
réaliser d'une manière fort tolérable et sans aucune contradiction
avec ses principes dans une monarchie constitutionnelle aussi bien
que dans une république. En tout cas, elle ne consent à faire de la
forme des gouvernements qu'une question secondaire. Elle place
au premier rang des intérêts politiques la représentation loyale
de la souveraineté et la garantie du droit individuel, s'arrangeant
parfaitement du régime parlementaire, s'il devient évident que ce
régime assure les meilleures conditions au maintien et à l'équilibre
nécessaire de ces intérêts primordiaux, mais sans répudier pour
cela l'institution républicaine, l'ajournant seulement à l'époque
plus ou moins éloignée où la république sera en mesure de rassu-
rer tous les intérêts légitimes et de regagner la confiance de la nation en s'affranchissant de solidarités funestes. La seule chose que
la vraie démocratie exclut comme incompatible avec son essence,
c'est tout ce qui entrave ou diminue la personnalité humaine dans
le libre déploiement de ses énergies, dans les applications diverses
de son activité légitime. Le développement intégral, le degré d'excellence relative auquel peut arriver l'être humain, voilà ce qui juge
en dernier ressort toutes les formes politiques et sociales. La valeur
d'une démocratie se mesure sur la valeur pratique, intellectuelle et
morale des individus qu'elle produit. Là où elle ferait peser sur l'individu l'injuste niveau d'une égalité brutale, là où elle entraverait
l'essor d'une seule faculté, là enfin où un seul individu souffrirait
dans la libre expansion de ses forces, ce serait le symptôme d'un
mal organique qui mettrait en péril tôt ou tard l'existence même
de la société.

ISBN : 978-1535335607

Elme-Marie Caro